एक यात्री

मृणाल चतुर्वेदी

Copyright © Mrinal Chaturvedi
All Rights Reserved.

This book has been published with all efforts taken to make the material error-free after the consent of the author. However, the author and the publisher do not assume and hereby disclaim any liability to any party for any loss, damage, or disruption caused by errors or omissions, whether such errors or omissions result from negligence, accident, or any other cause.

While every effort has been made to avoid any mistake or omission, this publication is being sold on the condition and understanding that neither the author nor the publishers or printers would be liable in any manner to any person by reason of any mistake or omission in this publication or for any action taken or omitted to be taken or advice rendered or accepted on the basis of this work. For any defect in printing or binding the publishers will be liable only to replace the defective copy by another copy of this work then available.

मेरा यह काव्य संग्रह "एक यात्री" सर्वप्रथम मेरे जनक स्वर्गीय श्री नगेंद्र नाथ जी चतुर्वेदी को समर्पित करता हूँ। क्योंकि आज उनका अटूट विश्वास व् भरोसा ही था और अब भी है की मैं जीवन में कुछ कर सकता हूँ। आज मैं जिस सफलता के पथ पर चल रहा हूँ, अगर आज वह होते तो अत्यंत ही खुश और प्रसन्न होते। मैं तो यह सोचता हूँ की आज भी वह अपने सूक्ष्म शरीर के साथ अनवरत मेरे साथ एक छत्र छाया की तरह हमेशा चलते रहते हैं और निरंतर चलते रहेंगे। उनको नमन एवं प्रणाम के साथ समर्पण।

'मृणाल चतुर्वेदी'

"एक यात्री"

क्रम-सूची

प्रस्तावना

वर्तमान के परिपेक्ष्य में हम सभी भौतिकवादी समय काल में जी रहे हैं। उसके कारण हम अकेलेपन से जूझ रहे हैं। हम वैसे ही न्यूक्लिएस परिवारों में रह रहे हैं। अपने मन की बात स्वयं से भी नहीं कर पा रहे हैं। परिजनों से तो हम बहुत दूर हैं। जिसके कारण स्वाभाव में चिड़चिड़ापन,बेचैनी ,संवेदनहीनता,अवसाद जैसी समस्याओं से जूझ रहे हैं। तो ऐसे में हमें अगर कोई व्यक्ति या किताब मिल जाये जिसे पढ़कर हम स्वयं को ऊर्जान्वित प्रेरकता से माखुर कर सके तो यह एक बहुत ही अच्छी बात होती। यह पुस्तक ५१ कविताओं का संग्रह। और यह सभी प्रेरक कवीताओं का एक गुलदस्ता मेरी तरफ से आपको शुभकामनाओं सहित सप्रेम समर्पित। यह किताब और इसकी प्रेरक रचनायें आपके जीवन में एक महत्त्वपूर्ण प्रेरकता से संपूर्ण कर सके एहि आशा और कामना करता हूँ।

1. प्रभु श्री राम से प्रार्थना

तुम मेरे हो ,में तेरा हूँ,
अब तो राम कृपा तुम कर दो।
जीवन छोटा संघर्ष बड़े हैं ,
अबतो राम कृपा तुम कर दो ।
रण भी छोड़ा,शस्त्र भी छोड़ा ,
अब तो राम कृपा तुम कर दो ।
छोड़ सभी कुछ शरण में आया,
अब तो राम कृपा तुम कर दो ।
छूटा टाट मिला है बाट ,
अब तो राम कृपा तुम कर दो ।
छूटा मन टूटा अभिमान ,
अब तो राम कृपा तुम दो।
जंगल सा मन काटों सा तन ,
अब तो राम कृपा तुम कर दो ।
मैं छोटा हनुमान बड़े है ,
अब तो राम कृपा तुम कर दो ।
पास नहीं है कुछ भी मेरे ,
जो कुछ भी है तुम को अर्पण ।
अब तो राम कृपा कर दो।
जीवन सारा दुःख को झेला,
तुम भी तो इसको खेला ,
अब तो राम कृपा तुम कर दो ।
रिश्ते छूटे नाते टूटे सारे अपने पीछे छूटे ,

मेरे दिल में यादों के घुंघरू बजाना ,
एहसास कराता है की तुम हो ।

मेरे दिल में यादों के घुंघरू बजाना ,
एहसास कराता है की तुम हो ।

3. ए मेरे दिल

ऐ मेरे दिल चलो कहीं
दूर निकला जाएँ,
नज़ारे भले ही कम खूबसूरत हों,
पर लोगों के मन रास आएं
तू भी बहुत दिनों से उदास है,
मेरे मन में भी एक प्यास है,
तेरा मन भी सुकून पायेगा
मेरा मन भी जवान हो जायेगा।
ऐ मेरे दिल चलो कहीं
दूर निकल जाएँ।।
चलो वहां चलकर बैठें,
जहाँ नदियों के रेले हों,
हरियालियों के मेले हों,
पहाड़ मस्तमौले हों,
न ही जीवन के झमेले हों,
भले ही हम अकेले हों,
कितने मजे आएंगे
जब लोग हमें ढूंढ़ने आएंगे।
ऐ मेरे दिल चलो कहीं
दूर निकल जाएँ।।
जब तेरा मन ख़राब होता है,
मेरा भी दिल उदास होता है,
मेरा तेरा रिश्ता भी ख़राब चल रहा है ,

हम दोनों साथ बैठेंगे
तो ये भी सुधर जायेगा,
और जो भी ख़राब है ,
वह गुज़र जायेगा।
ऐ मेरे दिल चलो कहीं
दूर निकला जाएँ।।

4. वो मेरा दोस्त

वो मेरा दोस्त मुझे आज
भी याद आता है।
उसका वो दोस्तना रवैया
आज भी याद आता है।
वो हमेशा ही लेटा रहा बिस्तर पर
लेकिन उसका वो होंसलों की उड़ान भरना
आज भी याद आता है।
मैं जब भी मिलता था उसके पास जाकर
वो उसकी आखों मैं उम्मीद का
चमकना आज भी याद आता है।
मैं जब भी करता था बातें उससे
उसका बचपन-सा चहकना
आज भी याद आता है।
वो कभी मायूस नहीं होता था
अपने उस हाल से ,उसकी बातों में
जिंदगी का धड़कना
आज भी याद आता है।
वो हमेशा ही उसके सिरहाने पर
यादों का चहकना
आज भी याद आता है।
वो जा चुका है अपनी रोशनाई को छोड़कर
लेकिन मेरे जीवन
में उसका दिये सो चमकना

आज भी याद आता है।

5. मंज़िलें

मंज़िलें भी पास आएंगी
दुआएं भी रास आएँगी
हौंसलों में ज़रा दम रखो
दिल की ताकत कब काम आएँगी |
मंज़िलें भी पास आएंगी
खुशियां भी रास आएँगी
सभी को साथ शामिल कर लो
ये दोस्तियां कब काम आएँगी |
मंज़िले भी पास आएँगी
रोशनियां भी रास आएँगी
चाँद-तारों को साथ लेलो
इनसे रिश्तेदारियां कब काम आएँगी |
मंज़िले भी पास आएँगी
खूबियां भी रास आएँगी
सभी को आवाज़ तो दे दो
ये रिश्तेदारियां कब काम आएँगी |
मंज़िलें भी पास आयेंगी
ख्वाहिशें भी रास आयेंगी
पुकारो तो उंचाईयों को
ये हौंसला अफ़ज़ाईयां कब काम आएँगी |
मंज़िले भी पास आएँगी
कहानियाँ भी रास आएँगी
सुनने वालों को इकठ्ठा भी कर लो

और भरी आँखों में सुलाती है,
ऐ मेरी यादों मुझे याद मत आया करो।
सुनो , तुममें एक अच्छाई भी है
तुम अच्छे बुरे का एहसास कराती हो,
रिश्तों की पहचान कराती हो,
लेकिन उसके लिए क्या
कड़वा होना जरूरी है ?
तुम्हारा कसैलापन अखरता है,
इससे जीवन का एहसास बिखरता है,
ऐ मेरी यादों मुझे याद मत आया करो।

7. मुकाम अब मिलने वाला है

चलो उठो खुद पर
भरोसा भी अब कर लो!
हिम्मत का साथ भी लेलो
मुकाबला अब तूफ़ान से होने वाला है।
जिसकी चाह करते थे,
वह मुकाम अब मिलने वाला है।
रास्ता कठिन है ! लेकिन
सफर का इंतज़ाम कर लो !
दुश्वारियां भी आएँगी,
सामना किसी अनजान से होने वला है !
जिसकी चाह करते थे,
वह मुकाम अब मिलने वाला है।
जब भी आगे बढ़ने लगोगे
अपने रस्ते खुद रोकोगे !
रास्ते से मत हटना तुम,
कोई अपना ही तुम्हे ठगने वाला है !
जिसकी चाह करते थे तुम,
वह मुकाम अब मिलने वाला है।
कभी वह आएंगे
कभी वह छोड़ जायेंगे,
कभी न हारना तुम !
यह तमाशा अब आम होने वाला है !

जिसकी छह करते थे,
वह मुकाम अब मिलने वाला है।
कभी हो दर्द का एहसास
तो उसे महसूस मत करना तुम,
रस्ते खुद ब खुद मिल जायेंगे !
फिजा का मौसम बदलने वाला है !
जिसकी की चाह करते थे,
वह मुकाम अब मिलने वाला है।

8. दर्पण की अभिलाषा

मैं सदा निसहाय दर्पण
देखा किया कुछ कह पाया,
मैंने सदा श्रृंगार देखा,
बहुत सुन्दर चेहरे देखे
मन कभी ही सुन्दर पाया।
नयनाभिराम छवियों को देखा,
आत्म को अंदर न पाया।
देखने में भद्र से थे,
व्यव्हार में अभद्र पाया।
मैं सदा निसहाय दर्पण
देखा किया कुछ का न पाया।
धुंध ही थी सबके भीतर,
लेकिन धूल को मुझसे हटाया।
छवियाँ गलत थी सारी उनकी,
कोसता मुझको ही पाया।
मैं सदा निसहाय दर्पण
देख किया कुछ कह पाया।

9. जीवन क्या है ?

चलने का नाम ही जीवन है !
फिर मुझे क्यों रुकना पड़ा ?
मैं सभी के साथ हरदम,
फिर क्यों अकेला चलना पड़ा ?
जब सभी थे हमदर्द मेरे,
फिर क्यों मुझे लड़ना पड़ा ?
जब हर तरफ था उजाला,
फिर मुझे क्यों जलना पड़ा ?
जब सारे हक़ मेरे लिए थे,
फिर मुझे क्यों अड़ना पड़ा ?
जब साफ़ थे सबके आचरण,
फिर मुझे क्यों छलना पड़ा ?
सभी चले थे साथ मेरे,
फिर मुझे क्यों मुड़ना पड़ा ?
करनी सबकी एक जैसी,
फिर मुझे क्यों झुकना पड़ा ?

10. मैं जीतूंगा

मैं पंछी था मुक्त गगन का
दूर-दूर तक उड़ान भरता
चाह हमेशा उड़ता जाऊं
सूर्य चंद्र को जाकर छूलूं
बहुत देर तक उड़ा मगर मैं
ऊंचा उड़ने की आस में
अपने पंख जलाकर बैठा
एक जगह पर ठहरा हूँ अब
सम्पाति को जीता हूँ अब
यही समय है कुछ करना अब
स्वयं को खोज कुछ कर जाऊं
पंख गए है हॉंसलों का दम है
मन के पंखों की उड़ान से
अब पाऊंगा लक्ष्य विचार को
मेरा सब कुछ पास यही अब तक
क्यों इंतज़ार हो मझे किसी का
मन की शक्ति से उड़ूँगा
तन की व्याधि मैं जीतूंगा
जो भी शेष वह सब है मेरा
संकल्पों को संपूर्ण करूंगा
यही नाद अब सम्पूर्ण गगन में
मैं जीतूंगा , मैं जीतूंगा !!

याद रखना की मैं हूँ !

13. नज़रिया

अब तो परछाईयों से भी डर लगता है,
खटखटाता कोई नहीं मगर असर लगता है।
मुझ पर भी ज़माने का असर लगता है,
कानों पर सफेदी आ गयी, उम्र का असर लगता है।
उनके लिबाज़ को देखकर मौसम का असर लगता है,
भगवन हो गए हैं सारे, किसी बाबा का असर लगता है।
नींद में बातें करते हैं, सियासत का असर लगता है,
उनकी बातों में अब खजर सा असर लगता है।
बेखौफ रात को निकलते हैं, लोहे का जिगर लगता है,
पर चेहरे पर सुकून रहता है, उसका असर रहता है।

14. हम एक हैं

मैं हिन्दू और तुम मुसलमान !
किसी और को कुछ खटकता है।
मैं मंदिर में माथा रगड़ता हूँ,
तू मस्जिद में माथा पटकता हूँ।
जब तेरा मेरा सब समान है
तो प्रेम का धागा क्यों अटकता है ?
तेरी मस्जिद में अल्लाह तेरा !
मेरे मंदिर में भगवान है।
तुम्हारा सजदा भी सर झुका कर,
मेरा नमन भी सर को झुकाकर।
फिर हमारा रास्ता क्यों भटकता है ?
तू भी मस्जिद में अज़ान देता है !
मैं भी मंदिर में नाद करता हूँ।
तू भी पुकारता है अल्लाह को,
मैं भी आवाज़ देता हूँ ईश्वर को।
फिर हमारा दिल क्यों अपने आप में सिमटता है ?
तूने भी ईंट पत्थर लगाया है !
मैंने भी गारा लिपाया है।
तेरा है वास्ता मुझसे,
मेरा भी वास्ता है तुझसे।
फिर खंजरों से क्यों खून का दरिया टपकता है ?
मेरा भी नाम उधम था !
तेरा भी नाम अशफ़ाक़ था।

तेरा भी दिल दीवाना था,
मुझे भी सर चढ़ाना था।
फिर आज़ादी के परचम पर हमारा रंग क्यों अलग सा है ?

15. मैं सदा जीता रहा

धीरे धीरे जीवन में लड़ता भिड़ता,
मैं सदा जीता रहा !
वह भी अड़ा था,
मेरी भी ज़िद थी,
हर तूफ़ान में सर झुका
मैं अचल खड़ा ही रहा।
मेरे जीवन की आदत आज तक बदली नहीं !
लोगों को भेजा, तूफ़ान भी भेजे
लेकिन मैं लड़ता रहा।
अब चला हूँ जीवन शिखर तक,
लेकिन अब वह साथ मेरे
मेरे सफर में साथी बनकर,
साथ मेरे चलने लगा।
अभी सभी का साथ मिलना,
मुझको यूं लगने लगा।
जीवन में हो रहा जमकर उजाला,
हर फूल अब खिलने लगा !
वह भी आ गए पास मेरे जो अभी तक दूर थे,
हर शख्स होकर दीवाना गले मुझसे मिलने लगा।
ये नया है दौर अब तो,
क्या कहूँ क्या न कहूँ ?
चरों तरफ है पूरा उजाला
लेकिन मेरी किस्मत का जुगनू,

हर शख्स को दिखने लगा।

17. अनंत उत्सव

मैं सफर में हूँ अकेला !
मैंने संघर्षों को झेला।
दोस्तों का साथ छूटा,
रह गया पीछे झमेला।
पंथ मेरा कंटक भरा है,
राह में बाधा का मेला !
दुखों का साथ रेला,
किस्मत का भी हो खेला,
न रुका हूँ , न रूकूंगा
मैं सदा चलता ही रहूंगा।
आगे बढ़ता ही रहूंगा !
मंज़िल भी अब है आने वाली
रोज़ होने वाली है दिवाली !
साथ मेरे तुम भी आओ,
लॉ को अपने अंदर भी जलाओ।
फिर न कहना हाथ खली,
तुम सजाओ दीप थाली
भोर अब है होने वाली !
अंत हुआ अब तो तिमिर का,
किस्मत भी हो गयी है आली।
रोज़ खेलूंगा मैं होली,
रोज़ होने वाली दिवाली !
आओ एक नया गीत गायें,

रोज़ हम खुद में समायें,
ईश को हम सर नवायें !
यज्ञ पूरा , संकल्प पूरे
पूर्ण हो गए सपने अधूरे !
अब न कोई रंज बाकी,
नित नयी रोज़ एक झांकी।
नयी हुई भोर अब तो,
नया सूरज , नया उजाला
शेष नहीं कुछ भी रहने वाला।
मैं भी खुश तुम भी नवेले,
न रहेगा कोई भी अकेले !
जो बुरा था नष्ट होगा,
नव युग का उदय होगा।

18. मेरी चाह

जब से मैंने दर्पण में इन देखा
देखता ही रह गया,
क्या क्या छुपा है मेरे भीतर ?
खोजता ही रह गया।
आंखों ने आँखों से बात की
कुछ बूझता ही रह गया,
अपनी यादों की आंधी में
जूझता ही रह गया।
आँखों से जब दिल में झाँका
ख्वाहिशों को ढूंढ़ता ही रह गया,
दिल को बहुत बेचेन पाया
सुकून ढूंढ़ता ही रह गया।
कैसे मिलेगी मंज़िल मुझे ?
पूछता ही रह गया,
किससे मिलेगा जवाब मुझको ?
मैं सोचता ही रह गया।
मंज़िलें हैं अब भी बाकि,
पाने की चाह घूमता ही रह गया।
मंदिरों की चौखटों को,
मैं चूमता ही रह गया।
जो भी चाहा मिल न सका
मैं चाहता रह गया,
सारा मंज़र सामने से गुज़र गया

मैं ताकता ही रह गया।

19. नव आवरण

आज तक जो न हुआ था,
मैं कभी भी न झुका था !
आज मैं चूक गया हूँ,
साथ मैं झुक भी गया हूँ।
ये न जाने कैसे हुआ है,
शायद किसी ने मन को छुआ है !
अंतर्मन में कुछ तो हुआ,
झुकने से सब ठीक होगा
अब न कोई दिल दुखेगा।
न अब सनतप होगा
साथ सबका ही मिलेगा,
मैं जो बदला वक़्त बदला !
मैंने ही तो सबको बदला,
हर कंठ अब नव नाद होगा।
नित नया आकाश होगा,
अब न मुझको बुलाना
दिलचस्प न मुझको दिखाना।
रंगीन होंगे मेरे सपने,
सारे होंगे मेरे अपने !
शेष न कुछ भी रहेगा,
अब सभी कुछ प्राप्त होगा।
सारे मन खुशहाल होंगे !
सारे मालामाल होंगे !

प्रति दिन नहीं प्रतिसाल होंगे,
आज तक जो न हुआ था
मैं कभी भी न झुका था।

21. कोशिशें

कोशिशों का रंग देखा
इससे मुझे सब कुछ मिला,
कुछ नहीं था पास मेरे
खाली झोली भर मिला।
मैंने जब भी जिसको ढूंढा
वो सदा दिल से मिला,
सब मिले बाहें फैला कर
मुझको सदा मन भर मिला।
वो सभी थे साथ मेरे
सारे अपने हो गए,
प्रश्न का हर हल मिला
अब समय कुछ खास है।
हर तरफ एक आस है
सारे हो गए दोस्त मेरे,
किस्मत साथ आली मिला
अब सभी मैं जानता हूँ,
पथ अपना पहचानता हूँ !
कोशिशों से रंग भरता,
जिंदगी से गले मिला।

22. शुभ शगुन

कुछ नहीं है शेष अब तो,
रिश्ते नाते सारे टूटे,
सारे अपने पीछे छूटे,
हर तरफ है शांति अब तो,
सारे मगन अपने गगन में।
रुदन भी नहीं सुनने वाला,
अश्रु नहीं कोई पोंछने वाला,
आप स्वयं अब उठना होगा,
तब ही सपने संपूर्ण होंगे।
कोई भी नहीं आने वाला,
न कोई अब मिलने वाला,
जो भी था सब खो चूका है,
कोई भी नहीं अब छलने वाला।
घर का आँगन सूना पड़ा है,
नीम का पेड़ खड़ा है,
बस वही ज़िद पर अड़ा है।
कभी तो आस पूरी होगी,
किस्मत मेरी कब फिरेगी,
सारे शगुन अब होने लगेंगे,
नित नए मेले लगेंगे,
और सब मिलने लगेंगे
आनंद हर हृदय होंगे।
मेरा मन पुलकित हुआ है,

नव सृजन कुछ तो हुआ है,
यूँ ही मैं खुश नहीं होता,
सपनों के मोती नहीं पिरोता।
सुसफल अब होने वाला,
ब्रम्हांड है अब मिलने वाला,
द्वार के बाहर तो आएं,
रंग रंगोली से सजाएं,
तोरण भी अब सजाएं।
ईश प्रवास है होने वाला,
आईए उनको मनाये,
शुभ शगुन के गीत गायें।
शुभ शगुन के गीत गायें।।

23. ऐ मेरे दोस्त

ऐ मेरे दोस्त उदास
मत हुआ कर,
लोग पहले तो तेरी
उदासी का सबब पूछेंगे,
फिर उसमे भी
तुम्हारी गलतियां ढूंढेंगे।
ऐ मेरे दोस्त उदास
मत हुआ कर,
लोग पहले तो तेरे
पास आकर बैठेंगे,
फिर दिल के ज़ख्मों के लिए
थोड़ा सा नमक ढूंढेंगे।
ऐ मेरे दोस्त उदास
मत हुआ कर,
लोग पहले तो तेरा
हाल पूछेंगे,
फिर तेरे मिजाज़ में
भी तल्खियां पूछेंगे ,
ऐ मेरे दोस्त उदास
मत हुआ कर,
लोग पहले तो तेरे
चेहरे को देखेंगे,
फिर उनमे छिपी तेरी

खुशियों का पता पूछेंगे।
ऐ मेरे दोस्त उदास
मत हुआ कर,
लोग पहले तो तुझे
पढ़ेंगे,
फिर तेरी
रुसवाइयों का सबब ढूंढेंगे।

24. कर सकता हूँ मैं

दिए सा दमकता तुम्हारा विश्वास
उल्लासित कर भर देता उजास !
जब कहती हो तुम
कर सकता हूँ मैं ! कर सकता हूँ मैं !
लक्ष्मी सी चमकती हो आस
खनकती आवाज़ हो तुम आस पास
आत्मा में भर देती हो श्वास
जब कहती हो तुम
कर सकता हूँ मैं ! कर सकता हूँ मैं !
तुम्ही से है हमारा जीवन
हटा देती हो सारे काश
थिरकने लगता है शरीर
जीवन में आने लगता है उल्लास
जब कहती हो तुम
कर सकता हूँ मैं ! कर सकता हूँ मैं !
तुम्ही से है जीवन हमारा
तुम्ही से है रोशन ये आँगन चौबारा
खनकती चूड़ियों की छनकार
अनिष्ट हो जाते है सब नाश
जब कहती हो तुम
कर सकता हूँ मैं ! कर सकता हूँ मैं !
तुम हो रूप अन्नपूर्णा का
पोषण करती हो सदा ही सभी का

26. आगे ही बढ़ना है

सुखों की अमराई हो,
दुखों की घटा छाई हो,
आँगन भरा हो खुशियों से,
या संघर्षों का घटाटोप हो,
बस एक बात याद रखना है
आगे ही बढ़ना है।
दमकते हुए चेहरे हों,
चमकते हुए सवेरे हों,
घर भरा हो चहलक़दमीयों से,
या गले हार हो गलवाहियों के,
बस एक बाद याद रखना है
आगे ही बढ़ना है।
नित नए मेले हो,
भीड़ मेरे रेले हो,
दिलगियों के खेले हो,
या परेशानियों के झमेले हो,
बस एक बात याद रखना है
आगे ही बढ़ना है।
सुबह शाम नवेले हो,
सुख-दुःख साथ झेले हो,
ज़िन्दगी में अकेले हो,
या दोस्त मस्त मौले हो,
बस एक बात याद रखना है

आगे ही बढ़ना है।
नित याद आती हो,
सुख साथ लाती हो,
दुःख साथ लाती हो,
या खुद को रुलाती हो,
बस एक बात याद रखना है
आगे ही बढ़ना है।

27. नव गीत

नव वर्ष,नवाचार है
नव प्रार्थना ,नवदीप है
नव आवरण ,नवरीत है
नव रास्ते ,नव लक्ष्य है
नव देव ,नव आचमन है
नव सृजन ,नव प्राप्तियां है
नव मन , नव नयन है
नव धरा ,नव आकाश है
नव आत्मा ,नव मानस भवन है
नव दिशाए ,नव सारथि है
नव कृष्णा ,नव राम है
नव जानकी ,नव राधिका है
नव द्वारका ,नव वृंदावन है
नव नमन ,नव प्रणाम है
नव आशीष ,नव आभार है
नव चक्र ,नव वंशीवट
नव बंसी ,नव जमुना तट है
नव नन्द ,नव आनंद है
नव सूर्य ,नव सवेरा है
नव साँझ,नव चन्द्रमा है
नव अंभ,नव नभ का उजास है
नव सार ,नव संसार है
नव दिन,नव दिन का उजाला

नव भल, नव तिलक है
नव शुभ, नव लाभ है
नव मन,नव लय है
नव प्रारम्भ,नव शेष है
नव भाजक,नव भाज्य है
आईये नव गीत गायें !
आइये नव समय का पहिया घुमाएं।

28. दर्द का गम

मुझे अब दर्द का एहसास
भी होने लगा है,
आजकल न जाने क्या बात है
बिना बात आंसूओं से
वास्ता पड़ने लगा है।
दर्द से रिश्ता भी बड़ा
ही अजीब है,
कोई चाहता नहीं इसे
फिर भी सबका अजीज़ है।
सभी के साथ रहता है,
कोई भी स्वीकार नहीं करता,
बड़ा ही छुपा रुस्तम है,
छुपकर वार करता है।
तेरे आंसूओं का बादल,
सभी के साथ रहता है,
यही जो दर्द का रिश्ता है
मेरे मन को भिगोता है।
कोई भी चाहता नहीं इसको,
सभी को सुख प्यारा है,
यही वह दोस्त है लेकिन
जो अंतिम साँस तक अपना
रिश्ता निभाता है।
सभी ही दूर रहते हैं,

फिर भी पास आता है,
सभी के साथ रहता है,
इसे हर रिश्ता लुभाता है।

• 49 •

फिर भी पास आता है,
सभी के साथ रहता है,
इसे हर रिश्ता लुभाता है।

धनात्मक सब साधना है।
अब सिर्फ स्वार्थ होगा,
न ही कुछ निस्वार्थ होगा,
सभी कुछ स्व हितार्थ होगा,
भले वे शूल बोते रहे।

31. वक़्त

वक़्त का पहिया जो घुमा,
मेरा सब कुछ घूम गया,
सभी मुझको
मैं भी सब को भूल गया।
वक़्त ने जो हाथ छोड़ा,
सभी ने मुझसे मुँह को मोड़ा,
रिश्ते सारे पीछे छूटे,
सबसे रिश्ते टूट गए।
वक़्त का जो साथ आया,
मैं सभी के मन को भाया,
हर एक ने मुझको ही ढूंढा,
हर रास्ता फिर खुल गया।
वक़्त का जलवा तो देखो,
सारे अपने हो गए
कोई भी अब गुम नहीं,
सम्पूर्ण सपने हो गए।
वक़्त जिसका साथ दे दे,
वो सिकंदर बन गया
नहीं तो इस वक़्त के हाथों,
महाराणा भी छला गया।
जिसने समय से खुद को बदला,
वह सदा चलता गया
और जिसने वक़्त माँगा,

वह सदा हाथ मलता रह गया।
वक़्त है तो आज है,
वक़्त है तो साथ है
मैं जिधर भी देखता हूँ,
वक़्त का ही राज़ है।
अब जो मेरा वक़्त आया,
मैं भी जीतूंगा सारा जहाँ
लोग ढूंढेंगे जमीन पर,
मेरे क़दमों के निशाँ।

32. वो मेरा बचपन

मुझे मेरा बचपन
बहुत याद आता है।
वो कागज़ की कश्ती को
सहारा देकर पानी में बहाना,
बहुत याद आता है।
वह बिजली का कड़कना,
और फिर डर से
माँ की ओट में छिप जाना,
बहुत याद आता है।
वो घर से छुप-छुप कर निकलना,
और फिर खेल में गिरना
चोट लगना , माँ से डांट खाना,
पट्टी बंधवाना बहुत याद आता है।
अब वो बचपन खो गया है,
मासूम बचपन सो गया है,
लेकिन मुझे आज भी
वो माँ की लोरी का थपकना,
बहुत याद आता है।
माँ की वह ऊँगली पकड़कर,
पिता की डांट पर सुबकना,
प्यार से सर को थपकना,
खुशियों से मेरा चहकना,
मुझे आज भी याद आता है।

33. ये भी बीत जायेगा

ये भी बीत जायेगा,
वक़्त का घड़ा भी रीत जायेगा।
जो कल खो गया,
वो आज मिल जायेगा,
ये भी बीत जायेगा।
जिसने भी छोड़ा हाथ तेरा,
वो वापस लोट के आयेगा,
आज जो है दूर तुझसे,
शायद ही वह कभी पास थे,
इनके जाने का गम न कर,
रोज़ ही अब तुझे,
एक नया साथी,एक नया रास्ता
मिल ही जायेगा,
ये भी बीत जायेगा।
ये ज़माना भी अजब,
ये तरीके भी गजब,
जो दिखता है साथ में,
वह छोड़ जायेगा,
और दूर से देखने वाला,
मुश्किलों में काम आएगा।
चलो चलें हम अपने रास्ते,
कुछ समय की बात है
वक़्त का घड़ा रीत जायेगा,

ये भी बीत जायेगा।
अब जिस रास्ते पर हो तुम,
ये ही पथ अब ठीक है,
एक नयी सुबह है शामिल,
एक नयी रीत है,
तुम बस आगे ही बढ़ना,
अब नहीं तुम लौटना,
अब तुमको है सफल होना,
ये लोगों का मेला,
खुद तुम्हारे पीछे आएगा,
वक़्त का घड़ा भी रीत जायेगा,
ये भी बीत जायेगा।
तुम कभी पीछे न हटना,
आगे ही तुम खुद को रखना,
लोगों के होते हैं ज़माने,
दौर तेरा आएगा,
वक़्त का घड़ा भी रीत जायेगा,
ये भी बीत जायेगा।

35. स्व-मंथन

सवप्न द्रष्टा मौन हो गए,
स्वप्न सृष्टा कौन हो गए,
खंड खंड अब आस हो गयी,
न बुझने वाली प्यास हो गयी,
अब राह दिखलाये कौन ?
अब हमें समझये कौन ?
राह अब खुद खोजना है,
अवतार की राह कब तक ?
स्वयं को ही झोंकना है,
स्वयं ब्रम्हा है हम सभी में,
वह सात जन्मों से भीतर
आत्मा के विचरने में,
ज्ञान सारे चिर नींद सो गए।
आत्मा मंथन अब करें हम,
मन को ऊर्जा से भरे हम,
नव सृजन का सान हममें
ध्यान अब करें हम,
निर्माण का संधान करें हम।
हमने स्व से प्रचुर पाया,
हमने हम से सारा पाया,
हम ही है निर्माण कर्ता,
साथ अपने विघ्नहर्ता,
आओ एक नया जहाँ बनाएं,

नव सृजन के गीत गायें,
ब्रम्हांड को शीश करते
अब नए युग का आशीष पाएं।

36. आवाहन

सदाचार का पाठ पढ़कर,
अहिंसा के मार्ग चलकर,
हम झुके झुकते चले गए,
दम पिटे पिटते चले गए।
शौर्य का साथ छूटा,
वीरता का हाथ छूटा,
कायरों की भांति चलकर,
आज़ादी का भाग्य फूटा,
हम झुके झुकते चले गए,
हम पिटे पिटते चले गए।
अब मेरा आव्हान तुमसे,
अपनी छाती को फुलाओ,
बाज़ूओं को तुम फड़काओं,
खून भाल पर लगाओ,
स्वयं पर अभिमान लाओ,
रीढ़ में एक तान लाओ,
कॉम को तुम जगाओ,
हम चलेंगे तनकर चलेंगे,
मारेंगे अब न मरेंगे।
सभी का संताप कर लो,
ताप से तन मन को भर लो,
नव सवेरा है आने वाला,
नव सृजन है होने वाला,

भोर का लेकर उजाला,
अब नहीं कोई सोने वाला,
अग्नि का आव्हान कर लो,
कुछ नया अब काम कर लो,
नया युग है आने वाला,
हम चलेंगे तनकर चलेंगे,
मारेंगे अब न मरेंगे।

37. ज़िन्दगी

कुछ आस में निकल गयी , कुछ काश में निकल गयी
और सारी ज़िन्दगी पास से निकल गयी।

कुछ विश्वास में निकल गयी , कुछ उदास में निकल गयी
और सारी ज़िन्दगी एक सांस में निकल गयी।

कुछ अंधेरों में निकल गई , कुछ उजास में निकल गयी
और सारी ज़िन्दगी उजास में निकल गयी।

कुछ ज़मीन पर निकल गयी , कुछ आस्मां में निकल गयी
और सारी ज़िन्दगी उल्लास में निकल गयी।

38. अमृत आचमन

अब नहीं कुछ भी अधूरा,
हो रहा हर स्वप्न पूरा।
पथ है सीधा सरल सा,
सौभाग्य का आनंद बरसता।
अब न होंगे कोई भी नहीं गम,
अब न जाना कोई भी रण।
जो भी था कुछनहीं बुरा सा,
जा चूका जीवन मरण से।
समय बदला ठाठ आया।
वापिस मिला मुझे फिर यौवन।
अब सभी का साथ मेरे,
कर लिया अमृत आचमन।
हवन होंगे,यज्ञ होंगे,
लक्ष्य सारे सम्पूणा होंगे।
नौ निध मेरे सौ सिद्ध मेरे,
लेंगे देव जो घृत हवन।
वरदान हैं सब साथ मेरे,
जो भी चाहूँ सो मिलेगा।
कोई भी प्रण निष्फल न होगा,
सौभाग्य का हर मिलेगा।
काम सब अम्पूर्ण होंगे,
साधनो से परीपूर्ण होंगे।
जो मिला अच्छा मिला,

सदा तुम्हारे चरणों को पाऊँ
इतनी कृपा तो कर दो अब तुम
सदा तुम्हारा ध्यान

सदा तुम्हारे चरणों को पाऊँ
इतनी कृपा तो कर दो अब तुम
सदा तुम्हारा ध्यान

40. सबक

मदद का वाद करके मुकरने वाले,
मुस्कराकर आकर गले मिलते हैं,
ये ही बुझ दिल हैं सारे
जो पीठ पीछे वार करते हैं।
मुस्कराना और मुस्कराकर
बात को रखना,
ये ही आदत साथ रखते हैं,
जब भरोसा दिल से करते हैं,
ये भीतर घात करते हैं।
कभी जब काम हो इनका
प्यार भर-भर के आता है,
नज़र के चूकते ही
रिश्ते खाक करते हैं।
ये तुम्हारे साथ रहते हैं,
तुम्हे हर पल परखते हैं,
जब पीठ पीछे हो
बुराई आम करते हैं।
हमेशा दूर ही रहना,
ये जो हैं शहद से मीठे,
एक मौका मिल जाए
हमेशा शर्मसार करते हैं।
ये आते जो दिख जाते हैं,
नज़रों को उठाते है,

दोनों हाथों को जोड़कर
इन्हे अब नमस्कार करते हैं।

दोनों हाथों को जोड़कर
इन्हे अब नमस्कार करते हैं।

41. समय

मेरे सपने , तेरे सपने
इसके सपने, उसके सपने
सबके सारे ही सपने
अब सभी संपूर्ण होंगे।
ऐसे होंगे , वैसे होंगे
नहीं जनता कैसे होंगे
जैसे भी होंगे बस पता है,
अब सभी संपूर्ण होंगे।
मैंने जाना , उसने जाना
हम सभी ने एक साथ जाना
सपनों में एक जाना होती है,
इनमें नींद नहीं होती,
बस एक ही उम्मीद होती है,
अब सभी सम्पूर्ण होंगे।
ये मेरे भी होते हैं,
ये तेरे भी होते हैं,
ये सभी के होते हैं,
ये सभी के साथ होंगे,
अब अभी संपूर्ण होंगे।
इन्हे देखना भी है सरल,
इनको पाना भी सरल,
पीना पड़ता है गरल,
करना पड़ता है अमल,

दिखना पड़ता है असल,
ये नहीं अपूर्ण होंगे,
अब सभी संपूर्ण होंगे।
मैंने भी तो इनको देखा,
उसने भी तो इनको देखा,
सभी ने इनको देखा
लेकिन बड़ा ही मज़ा इसमें,
जिनको भी सपनों ने देखा,
वे सभी संपूर्ण होंगे।
अब सभी संपूर्ण होंगे।

42. कृष्णा-आस

मैंने जब भी तुम को देखा,
तुमको सदा निश्छल ही देखा,
तुम सदा ही व्यस्त रहते,
भक्तों के संग मदमस्त रहते।
तेरी देहरी जो भी आया,
आशीष का भंडार पाया,
तुम सभी पर हाथ धरते,
सबके विघ्नो को तुम हरते।
जिसने भी प्रेम से ध्याया,
सम्पूर्णता से प्रेम पाया।
जो तुम्हारा ध्यान करते,
धन और मन की झोली भरते।
एक बार ही मैं पहुँच पाया,
तेरी चौखट सर नवाया।
किन्तु मेरे हाथ खाली,
दिव्य तेरा हाथ खली।
अब तो कृपा का दान करदो,
मेरी खाली झोली भरदो,
मेरा भी मन तृप्त हो अब,
आत्मा भी संतृप्त हो अब।
अब यही इज़हार होगा,
कर रहा इंतज़ार तेरा,
अब नहीं कुछ सहा जाता,

मन चाह वरदान पाते,
नित नयी एक सीख पाते,
सारे दुर्गुण तुममे समाते,
तुम सभी के संताप हरते,
हे कृष्णा! तुम हो हमारे।
बलदाऊ है भ्राता तुम्हारे,
सुदामा जैसे मित्र सारे,
राधा के हो सबसे प्यारे,
धन-धान्य सारे तुम पर वारे,
भक्तों पर आशीष धरती,
हे कृष्णा ! तुम हो हमारे।
गोकुल को तुमने बचाया,
मथुरा में नया युग लाया,
समस्त वंश को तुमने बचाया,
इंद्र ने भी सर नवाया,
गिरी को तुम धारण करते,
हे कृष्णा ! तुम हो हमारे।
कुरुक्षेत्र में सन्धान करते,
गीता का निर्माण करते,
अर्जुन को परिपूर्ण करते,
दुर्योधन को संपूर्ण करते,
दुष्टों का संहार करते,
हे कृष्णा ! तुम हो हमारे।
द्वारका में राज करते,
वृन्दावन में रास करते,
गोकुल में माखन खिलाते,
बरसाने की राधा में बस्ते,

भक्तों का कल्याण करते,
हे कृष्णा ! तुम हो हमारे।

• 77 •

44. इतना आसान नहीं है

भूलना , भुला देना इतना आसान नहीं है,
कहना , कह देना इतना आसान नहीं है,
रहना आपके साथ ही है
यहाँ से जाना इतना आसान नहीं है।
झुकना , झुका देना इतना आसान,
मानना , मान लेना इतना आसान नहीं है,
चले जायेंगे अब यहाँ से
यहां से जाना इतना आसान नहीं है।
मानना , मान जाना इतना आसान नहीं है,
रूठना और रूठ जाना इतना आसान नहीं है,
रहना है आपके दिल में
दिल में जगह बनाना इतना आसान नहीं है।
कहना , कहकर सुनना इतना आसान नहीं है,
रुकना , रूककर रहना इतना आसान नहीं है,
रह गए अब इसी दर के होकर
अब यहाँ से जाना, इतना आसान नहीं है।

45. परिवर्तन

काम बदल गया , मुकाम बदल गया
ख़ास बदल गया , आम बदल गया
मन बदल गया , ईमान बदल गया
रहीम बदल गया , राम बदल गया
बदलते वक़्त की तासीर देखो
समय बदल गया तो मुझसे मेरा भगवान बदल गया।
साकी बदल गया , जाम बदल गया
देव बदल गया , इन्सान बदल गया
घर बदल गया , दालान बदल गया
राज बदल गया , आवाम बदल गया
आने वाली है अब एक नयी सुबह
इसलिए अब अँधेरे का निजाम बदल गया।
संस्कार बदल गया , संसार बदल गया
धरती बदल गयी , आस्मां बदल गया
साकार बदल गया , निराकार बदल गया
आकर बदल गया , प्रकार बदल गया
आर बदल गया , पार बदल गया
बदलते-बदलते इतना बदला
अपने माँ-बाप से संतान का प्यार बदल गया।

46. शिखर तक

यूँ समय के साथ चलते
मैं शिखर तक आ गया,
यूँ तो सफर था थोड़ा लम्बा
पर रास्ता यूँ रास आ गया,
मिलने वाले मिलते रहे
कहने वाले कहते रहे,
रास्ता था थोड़ा कठिन
पर हौसला काम आ गया।
मैं चला था बिलकुल अकेला
मिलता रहा मुझको यूँ मेला,
संघर्षों से लड़ता भिड़ता
मैं सदा पार पा गया,
यूँ समय के साथ चलते
मैं शिखर तक आ गया।
लोगों ने रोका , रास्तों ने रोका
हर कदम मिला एक नया धोका,
लेकिन मेरा मन साथ मेरे
मैं सभी पर छा गया,
यूँ समय के साथ चलते
मैं शिखर तक आ गया।
अब हूँ उत्तंग शिखर पर,
भर गए सब मन के कोने
अब सभी हैं औने-पौने,

चाहतें पूर्ण हो रही हैं,
रिक्त था सब भर गया है,
यूँ समय के साथ चलते
मैं शिखर तक आ गया।
अब कोई जो मुझसे पूछे,
क्या मिला क्या खो गया ?
तो मेरा ये मानना है
जो बुरा था खो गया,
अपनेमन का पा गया,
यूँ समय के साथ चलते
मैं शिखर तक आ गया।

48. घर के दरवाज़े

अब तो घर के दरवाज़े
भी भीतर की ओर खुलते हैं,
जो घर आकर मिलते थे,
वो भी आंगन में मिलते हैं।
कोई जो मिलने आता है,
पूछकर घर में आता है,
बैठता है वो मखमल पर,
कांटे साथ लाता है।
देखता है वो घर भर को,
अपने मन को जलाता है,
आँगन के कोने में जो चूल्हा जगमगाता था,
प्यार के साथ ही वो
खुशबूएँ साथ लाता था।
अब तो वो भी अकेला ही
अपना गम भूलाता है,
सभी लोगों को अपने पास बुलाता है।
वो जो महफ़िल जमती थी,
कभी इस घर के किसी कोने में,
माँ रोटी पकाती थी,
प्यार से वहीँ खिलाती थी।
कभी जो रूठ जाते थे,
हलवा वहीँ बनती थी।
वो चूल्हे का जलना,

आज भी याद आता है,
मेरा बचपन , मेरा आँगन
रहरहकर मुझको बुलाता है।
न जाने अब कब वो शाम आएगी,
जब माँ की रोटी मुझको चूल्हे पर बुलाएगी,
और मेहमानों को बुलाने को
राहें बाहर को जाएँगी।
अब तो बस यही एक आरज़ू है मेरी
मेरे दरवाज़ों का रुख बाहर को हो जाये,
जो खड़े हैं दरों दीवार के बाहर,
सभी वे मिलने आ जाएँ।
वही हो साथ अपनों का,
मिल जाये हाथ सपनों का,
जो भी आये मुझसे मिलने को,
पूरे मन से आ जाएँ
अब तो घर के दरवाज़े
भी अंदर को खुलते हैं।
जो घर आकर मिलते थे,
वो आँगन में मिलते हैं।

49. जब तक उदास था

जब तक मैं उदास था,
कोई भी न मेरे पास था,
हर तरफ एक काश था,
धुंधला सा आकाश था।
सब कहते थे हम साथ हैं,
तुम्हारे ही सब हाथ है,
तुम न कभी हारना,
हथियार न कभी डालना।
जब समय आया काम का,
कोई भी न साथ था,
संघर्षों में था अकेला,
दुःखों से निपटा मैं अकेला।
बस यही समय था ऐसा
जब ठानकर मैं चलने लगा।
अब समय कुछ और है,
बाज़ूओं में ज़ोर है,
ख्वाहिशों का दौर है,
रोज़ ही नयी राह है,
नया पाने की चाह है,
कर्म ही अब पास है,
हर तरफ एक आस है,
हर तरफ नया उजास है,
सारे ही अब पास है,

खुशियां चंद और है,
नितनई एक भोर है।
सफलता का मंत्र है,
मुस्कान ही वो यन्त्र है,
यही सबकुछ दिलाएगा,
दूरियां सभी मिटाएगा,
आकाश भी मिल जायेगा,
काश भी हट जायेगा।
जब तक मैं उदास था,
कोई भी न मेरे पास था।

50. संवर जायेगा

दर्द गम , सारी मुसीबतें
जहाँ मिले सारी खरीद लेना !
बस तेरे इस काम से
कितने घर संवर जायेंगे।
धर्म इंसान , चाहें हो दान
इनका हिसाब मत रखना !
बस तेरे इस काम से
कितने ही मुक़द्दर संवर जायेंगे।
धन , दौलत चाहें हो ज़मीन,
सारा ही भूल जाना !
बस तेरे इस काम से
तुझे तेरा भगवान मिल जायेगा।
चाहतें प्यार दिल से रिश्ते,
जैसे भी हों इकठ्ठा कर लेना !
बस तेरे इस काम से
तुझे सभी का साथ मिल जायेगा।
बदले , नफ़रतें सारी दुश्मनियां,
सारी की सारी भुला देना !
बस तेरे इस काम से
तुझे दिलों में रास्ता मिल जायेगा।

51. शून्य से शिखर तक

ये ज़मीन से आस्मां तक,
जहां देखूं मैं वहां तक,
तय शिखर छु चूका हूँ।
मैं यहाँ भी , मैं वहां भी,
जहाँ देखो मैं वहां तक,
हो रहा विस्तार मेरा,
समय सम्पूर्ण हो चूका है,
ये ज़मीन , वो आस्मां तक,
जहाँ देखूं मैं वहां त,
तय शिखर को छु चूका हूँ।
जो चले थे साथ मेरे
सभी पीछे जा चुके हैं,
मुझको खुद पर ही यकीन था,
मैं हर समय बिलकुल सही था,
इसलिए पथ को न छोड़ा
अपना मुँह कभी न मोड़ा,
मैं स्वयं एक साथ लेकर
तय शिखर को छु चूका हूँ।
सारा ही आकाश मेरा,
न ही है अब काश मेरा,
जो भी चाहा मिल रहा
झोलियों में भर रहा,
जो भी मेरा , वो है सभी का